AF257767

RÉGLEMENT

ARRÊTÉ par divers Citoyens réunis à cet effet, au Bourg de VIMOUTIER, les 30 Août, 6 & 13 Septemb. 1790, pour former entre eux & tous ceux qui seront animés des mêmes sentimens, une Société Patriotique, sous le nom de Société d'AMIS DE LA CONSTITUTION.

CONSTITUTION DE LA SOCIÉTE.

ARTICLE PREMIER.

LA Société, formée principalement par l'attachement de ses Membres à la Constitution, & ayant pour objet de concourir de tous ses efforts au développement des prospérités qu'elle promet à la Nation, portera le titre de SOCIÉTÉ DES AMIS DE LA CONS-TITUTION.

II.

Elle aura pour Officiers, un Président, quatre Secrétaires, trois Scrutateurs & un Trésorier.

A

(2)

I I I.

Le Préfident fe renouvellera tous les quinze jours
les Secrétaires tous les mois ; mais feulement par moitié :
c'eft-à-dire deux à la fois ; enforte que la première fois
il en fortira deux, les deux ayant eu le moins de
voix, ou à égalité de voix, les moins âgés, au bout
de quinze jours d'exercice.

I V.

Les Scrutateurs fe renouvelleront tous les deux
mois.

V.

Le Tréforier fera élu pour fix mois, il pourra être
réélu.

V I.

Le Préfident & le Tréforier feront élus à la pluralité abfolue ; les Secrétaires à la pluralité relative &
par billet de lifte, les Scrutateurs de même.

V I I.

Il ne pourra y avoir plus de trois tours dans un
fcrutin, & pour cela au troifième tour, il faudra
néceffairement voter fur les deux perfonnes ayant
eu le plus de voix au tour précédent, & en cas
d'égalité, l'âge l'emportera.

V I I I.

Le nombre des Membres de la Société fera illimi-

té ; elle recevra toujours dans fon fein, avec cordia-
lité & empreffement, tous ceux qui fe trouveront
animés des fentimens fur lefquels elle eft fondée, &
qui fe préfenteront pour y être admis fous les conditions qui vont fuivre.

Conditions d'Admiffion.

I X.

Il faudra, pour devenir Membre de la Société, être
Citoyen François, domicilié dans le Royaume.

X.

N'avoir fubi aucune condamnation flétriffante par
un jugement légal.

X I.

N'avoir fait ni faillite ni banqueroute.

X I I.

Avoir remis au Tréforier de la Société une fomme
de 6 liv., de laquelle le Tréforier donnera un Récé-
piffé qui fera partie des pièces à dépofer fur le Bureau, 8 jours avant celui de l'admiffion.

X I I I.

S'il arrivoit que la Société jugeât que l'afpirant ne
pourroit être admis, à défaut de quelques-unes des
conditions ci-deffus, il en feroit fait mention au pied
du Récépiffé, dont il vient d'être parlé, qui lui feroit

rendu , & fur lequel le Tréforier feroit tenu de rembourfer le prix de la foufcription qu'il auroit touchée.

X I V.

Le Citoyen qui voudra entrer dans la Société , s'adreffera pour lui en donner connoiffance , au Préfident en exercice, ou à celui des Secrétaires qu'il lui plaira ; ou bien, il fe préfentera à l'Affemblée , au moment de la féance , & demandera par l'organe du Préfident ou d'un des Secrétaires , qu'il lui foit permis de remettre fur le Bureau fa demande d'admiffion : & il remettra dans tous les cas , avec le Récépiffé ci-deffus , une note fignée , contenant fes noms de baptême , de famille , fes qualités , & le lieu de fon domicile.

X V.

La Société ayant jugé les conditions preferites , fuffifamment remplies , le récipiendaire en fera averti par M. le Préfident , & dès qu'il lui conviendra de fe rendre aux féances , il prétera le ferment qui va fuivre ; après lequel il prendra place , pour avoir , de ce moment , voix active & paf... dans la Société , conformément au préfent Règlement , ainfi qu'à tous ceux que la Société pourra eftimer bon de faire ultérieurement.

X V I.

Le ferment individuel , à prêter par les Membres

de la Société, d'abord par son Préfident, auffi-tôt après fa conftitution, lequel fera répété enfuite fucceffivement, par chacun des Membres préfens, par ces mots : *Je le jure* ; & dans les féances à venir, entre les mains *du Préfident*, par tous les Membres nouveaux & en entier, fera dans cette formule :

« Moi, &c....... Citoyen François, me déclare *AMI*
» *DE LA CONSTITUTION*, & vouloir me réunir de
» cœur & d'efprit à tous ceux qui ont fait, font
» & feront comme moi, une profeffion authentique
» de lui être attachés, & particulièrement aux Mem-
» bres de cette Société, à l'effet de concourir avec
» eux à étendre, par tous mes efforts, le bonheur
» des hommes, & la profpérité de la Nation. »

Motifs d'Exclufion.

X V I I.

Un Membre de la Société qui viendroit à fubir une condamnation flétriffante par un jugement légal en feroit immédiatement déclaré exclus, fans pouvoir jamais y rentrer.

X V I I I.

Le failli ou banqueroutier, non frauduleux, feroit de même exclus, du moment où la faillite ou banqueroute feroit connue ; mais venant enfuite à fatisfaire fes créanciers, de manière que fon honneur

A 3

n'en fût pas compromis, il pourra être admis de nouveau, comme tous les autres Citoyens.

X I X.

Celui qui, ayant été *censuré* deux fois, ainsi qu'il sera expliqué ci-après, viendroit à s'exposer de nouveau à la même peine, sera déclaré déchu de ses droits de Sociétaire, & exclus de ce moment des séances.

Forme des Délibérations.

X X.

La liberté étant le premier droit des hommes, & le bienfait le plus précieux que les François vont devoir à leur Constitution, tous les actes de la Société en porteront l'empreinte.

X X I.

Point de liberté, sans une parfaite égalité; ce sera le principe fondamental des rapports entr'eux des Membres de la Société.

X X I I.

Point de liberté, par-tout où les opinions font contraintes; chacun pourra donc exprimer les siennes dans le sein de la Société, sans aucune gêne.

X X I I I.

Mais la liberté, source de tous les biens & de

toutes les vertus, devient le principe de tous les maux & de tous les vices, fi elle dégénère en licence ; & par licence, il faut entendre tout exercice de fes facultés, qui porte préjudice aux facultés des autres.

X X I V.

C'eft à la Loi, protectrice de tous les intérêts, à déterminer la légitimité de cet exercice. Le Citoyen doit donc fidèlement foumettre toutes fes actions à fon autorité, en même-tems qu'il conferve la liberté de fes opinions.

X X V.

C'eft une maxime fondamentale de tout pacte focial, que M. le Préfident aura foin de rappeller, toutes les fois qu'il y aura lieu.

X X V I.

L'étude de la Conftitution étant le premier but que la Société fe propofe dans fa formation, il fera fait fucceffivement lecture par un des Secrétaires, au commencement de chaque féance, pendant le cours de la feffion actuelle de l'Affemblée Nationale, des Décrets qu'elle aura rendus, & après fa clôture de quelques-uns des articles de la Conftitution.

X X V I I.

Après cette lecture, ceux qui auront des obferva-tions à faire, des doutes à propofer, ou des éclaircifſemens à demander, demanderont la parole à M. le Préſident, qui ne pourra la refuſer, & qui l'accordera à chacun, ſuivant l'ordre de ſa demande.

X X V I I I.

La lecture des Décrets, ou articles de Conſtitution, & les obſervations qu'elle aura occaſionnées, étant terminées, ceux des Membres qui auront des motions à faire, les propoſeront après avoir demandé la parole à M. le Préſident, qui la donnera également à chacun, dans l'ordre où il l'aura demandée.

X X I X.

Une motion faite & remiſe par écrit ſur le Bureau, elle ſera ſoumiſe immédiatement à la diſcuſſion, pour que l'Aſſemblée décide ſi elle doit être rejettée ou admiſe.

X X X.

Si l'Aſſemblée décide que la motion propoſée doit être rejettée, ou en d'autres termes, qu'il n'y a pas lieu à délibérer, il n'en ſera plus queſtion dans cette ſéance : l'auteur conſervant ſeulement la faculté de reproduire la même motion, dans une autre ſéance à ſon choix; mais ſi elle vient à être rejettée une deuxième fois, elle ne pourra plus être remiſe à la diſcuſſion.

X X X I.

Si l'Aſſemblée décide au contraire que la motion

agitée doit être admife, ou en d'autres termes qu'il
y a lieu à délibérer, cette motion fera infcrite fur
un Regiftre dreffé à cet effet, & tenu par un de MM.
les Secrétaires, pour la difcuffion en être reprife à la
huitaine.

Ce Regiftre contiendra ce qu'on appelle *l'ordre du
jour*. Et à la clôture des féances, M. le Préfident
indiquera cet ordre pour les deux féances fuivantes.

X X X I I.

La demande de la parole n'aura d'effet que pour
la féance où elle aura été faite.

X X X I I I.

Si une motion faite avoit pour objet quelque
nouvel article de règlement, & par conféquent, une
Loi obligatoire pour tous les Membres de la Société ;
M. le Préfident fera tenu de les en informer, en en-
voyant à chacun d'eux un billet d'avis, dans l'inter-
valle de la féance où la motion fera faite, & celle
où elle devra être difcutée.

X X X I V.

Si un tiers des délibérans à cette feconde féance ,
demandoit que la difcuffion fût prolongée, & reprife
encore à la huitaine, la prolongation de la difcuffion
ne pourra être refufée ; mais à cette troifième féance,
la difcuffion fera néceffairement fermée, & la motion

mife aux voix, pour être décidée à la pluralité.

X X X V.

ſ Les diſpoſitions des deux articles précédens, ſeront également appliquables aux cas où il s'agiroit de l'exclufion de quelque Membre; fi ce n'eſt celui où il auroit encouru la cenfure de l'Aſſemblée pour la troiſième fois.

X X X V I.

Si quelqu'un demandoit l'abrogation ou le changement d'un ou de pluſieurs des articles de réglement précédemment arrêtés, M. le Préfident devra de-même en avertir chacun des Membres, & l'abrogation ou le changement n'aura lieu, qu'autant que la motion qui en fera faite, réunira les deux tiers des voix.

X X X V I I.

La manière de recueillir les voix fera au choix du Préfident, ſoit par aſſis & levé, ſoit par couvert & découvert, ſoit en paſſant à droite ou à gauche.

X X X V I I I.

Le Préfident & les Secrétaires jugeront de la pluralité.

X X X I X.

Si un feul d'entre eux témoigne du doute, l'Aſſemblée prononcera ſur le parti à prendre d'une deuxième épreuve ou de l'appel nominal.

X L.

S'il y avoit encore du doute dans la volonté de l'Assemblée à ce dernier égard, on procédera à l'appel nominal.

X L I.

Les épreuves des voix se confirmeront toujours par la contre-partie.

Fonctions & devoirs des Officiers.
P R E S I D E N T.

X L I I.

Le Président est l'organe de la société soit pour recevoir les lettres, messages ou discours qui lui seront adressés, soit pour y répondre.

X L I I I.

Le Président ne pourra, toutefois, expédier aucune réponse au nom de la Société, qu'elle n'ait été préalablement discutée & approuvée dans une Assemblée.

X L I V.

Le Président ne devant exercer aucune influence sur les délibérations de la Société, ne pourra jamais prendre la parole pour faire des motions ou pour en appuyer.

X L V.

Si un Président se manquoit à lui-même, & à l'Assemblée, au point de s'écarter de ce devoir, chacun des Membres pourra l'appeller à l'ordre. Il sera obligé de mettre immédiatement aux voix, si c'est avec fondement ; & si l'Assemblée prononce en faveur de l'appel à l'ordre, il en sera fait mention dans le procès-verbal.

X L V I.

A l'appel nominal le Président donnera sa voix, mais seulement le dernier.

X L V I I.

Le Président ne pourra se dispenser des séances que pour cause de maladie, ou d'empêchement absolument invincible ; & dans ces deux seuls cas, il sera remplacé pour la tenue de la séance, par un ex-Président présent, son prédécesseur le plus prochain.

Secrétaires.

X L V I I I.

Les Secrétaires seront chargés de tout le travail du Bureau, hormis le dépouillement des scrutins ; sçavoir, rédaction du procès-verbal de chaque séance, inscription des motions mises à l'ordre du jour, expéditions des lettres & paquets, correspondances s'il en est à suivre, billets d'avis, & généralement toutes les écritures nécessaires aux opérations de la Société, ou résultant de ses délibérations.

X L I X.

Un des Secrétaires sera, à l'ouverture de chaque

féance, lecture des procès-verbaux des deux féances précédentes.

L.

Les procès-verbaux & tous les actes de la Société, ou faits en fon nom, feront fignés du Préfident & au moins de deux Secrétaires.

L I.

MM. les Secrétaires fe partageront entr'eux le travail qui les concerne ; mais ils auront foin de fe trouver au-moins au nombre de deux à chaque féance, & à l'heure précife où elle eft indiquée.

L I I.

Il y en aura même un qui fera tenu de fe trouver au Bureau une heure avant l'ouverture de la féance, pour laiffer prendre, fans déplacer, à tous ceux des Membres qui le défireroient, communication des regiftres & des divers papiers de la Société.

L I I I.

MM. les Secrétaires auront foin d'afficher dans la falle un Tableau exact de tous les Officiers en exercice.

L I V.

Ils afficheront également dans la falle, à la fin de chaque féance, le Tableau des matières mifes à l'ordre du jour pour la féance de huitaine, & au bas de ce Tableau ; les deux Secrétaires chargés d'affister à cette féance, ainfi que celui qui devra fe trouver au Bureau une heure avant, comme il a été dit, feront indiqués par leurs noms.

L V.

Celui des Secrétaires , comme de tout autre Officier de la Société qui manqueroit à quelqu'un des devoirs qui lui font impofés par le Réglement, encourroit *la Cenfure.*

Tréforier.

L V I.

Le Tréforier rendra fon compte tous les trois mois, fçavoir, en Janvier, Avril, Juillet & Octobre, aux Commiffaires que la Société nommera chaque fois à cet effet.

L V I I.

Il fera refponfable des fonds de la Société dont il aura reçu le dépôt.

L V I I I.

Celui fortant d'exercice nantira auffi-tôt celui qui le remplacera , des fonds libres qui lui refteront entre les mains , fans attendre l'appurement de fon compte, dans lequel la quittance du nouveau Tréforier fera reçue pour comptant.

L I X.

Les Commiffaires de la Société ne pourront dans

(15)

aucuns cas donner de décharge au Tréforier ; ils feront leur rapport à la Société, qui décidera dans fa juf-tice ; & d'après cette décifion, la décharge fera expé-diée au Bureau, & délivrée au Tréforier, fignée du Préfident & de deux Secrétaires.

L X.

Le Tréforier ne pourra, fous aucun prétexte, faire de dépenfe à la charge de la Société, fans une auto-rifation expreffe ou mandat figné du Préfident & de deux Secrétaires, fur les ordres de l'Affemblée.

L X I.

Ainfi toute dépenfe qui n'auroit point une pièce d'appui de cette nature, ne lui feroit point allouée dans fes comptes.

L X I I.

Le Tréforier ne pourra refufer de donner à cha-que Membre, s'il le demande, une quittance ou récé-piffé de la remife de fa foufcription, lorfqu'il la re-cevra.

L X I I I.

Le Tréforier fera tenu d'afficher dans la falle des féances, le premier du mois précédant celui où il y aura des foufcriptions à renouveller, un Tableau de ces foufcriptions, fous peine de faire les fonds à fes frais de celles qu'il obmettroit. Il retirera un certificat figné du Préſident & de deux Secrétaires , pour conſtater cette affiche , & le 15 du mois ſuivant expiré , ſans que les ſouſcriptions aient été renouvelées , il en remettra une note ſignée de lui , ſur le Bureau , afin que la Société en étant informée , juge ſi le Sociétaire ainſi en retard ne doit pas être réputé vouloir ne plus faire partie de la Société , & prononce en conſéquence la radiation de ſon nom ſur la liſte de ſes Membres.

L X I V.

Le Tréſorier prêtera ſerment, entre les mains du Préſident , d'exercer ſes fonctions avec déſintéreſſement & fidélité.

Scrutateurs.

L X V.

Les Scrutateurs prêteront auſſi , entre les mains du Préſident , le ſerment accoutumé pour leurs fonctions.

L X V I.

Ils ſe trouveront le plus exactement qu'ils pourront aux ſéances pendant leur exercice ; & cependant la Société ne ſe propoſant que de faire ſentir à chacun de ſes membres la douceur & non la contrainte des liens qui les uniſſent ; les trois Membres ayant eu le plus de voix au ſcrutin d'élection des ſcrutateurs, après ceux des Elus, leur ſerviront de ſuppléans , & remplaceront ceux qui ſont forcés de s'abſenter , chacun

dans

dans l'ordre du nombre de ſes voix , commençant par celui qui en a réuni le plus.

L X V I I.

Pour éviter la perte de tems qui réſultɐroit de l'in-aɐion de l'Aſſemblée pendant le dépouillɐmɐnt des ſcrutins , MM. les Scrutateurs auront un Bureau ſéparé , & cependant ſitué dans la même ſalle , où l'un d'eux au moins ſe placera une demi-heure avant l'ouverture de la ſéance où il devra y avoir des élɐɐions pour recevoir les billets qui lui ſɐront remis dans le vaſe par chacun des Membres , à meſure qu'ils arriveront.

L X V I I I.

Les Officiers en fonɐions au commencement d'une ſéance , les continueront juſqu'à la fin , enſorte que les élɐɐions ne ſeront jamais que pour la ſéance ſuivant celle où elles auront lieu.

L X I X.

S'il faut aller pluſieurs fois aux voix pour un ſcrutin , le premier tour fait ſans réſultat , les Scrutateurs en avertiront auſſi-tôt le Préſident , qui ſaiſira le premier moment favorable pour en faire part à l'Aſſemblée , & demander qu'il ſoit fait & remis à MM. les Scrutateurs de nouveaux billets; de même , pour un ſecond tour inutile.

B

L X X.

MM. les Scrutateurs s'arrangeront entr'eux & leurs suppléans pour qu'il y en ait toujours trois à chaque séance, & si le service de l'Assemblée manquoit par leur faute, ceux qui en seroient coupables encourroient *la censure*; & s'ils ne peuvent être connus, ce seront les plus nombreux en voix.

Ordre des Séances & Police de la Société.

L X X I.

Il y aura séance 2 fois la semaine, sçavoir, le lundi & vendredi à neuf heures & demie précises du matin.

L X X I I.

Chaque séance durera une heure au moins, & pourra être prolongée, selon que le Président jugera que l'abondance des matières à traiter, ou l'intérêt des délibérations le rendra nécessaire.

L X X I I I.

La Société n'ayant que le bien public pour objet, verra toujours avec plaisir & reconnoissance, la curiosité qui pourroit engager des citoyens autres que ses Membres, à venir assister à ses délibérations.

L X X I V.

Ils ne pourront cependant, à cause de l'embarras & des inconvéniens qui en résulteroient pour le re-

cueillement des voix, prendre féance au rang de fes
Membres ; mais il en fera admis hors des places affec-
tées aux Sociétaires, autant que le local pourra le permettre.

L X X V.

Les fpectateurs auront foin de refter dans le filence
& de ne fe permettre aucunes marques d'approba-
tion ni d'improbation à ce qui fera dit dans l'Affemblée.

L X X V I.

Si, contre la vraifemblance, (car on ne peut fuppo-
fer aucun Citoyen capable d'abufer de la facilité qui
lui eft donnée d'entrer dans une maifon fur laq^e. il
eft fans droit, & de s'introduire au fein d'une Société
compofée de fes frères & de fes amis, pour y porter
du trouble,) il arrivoit cependant que quelque fpec-
tateur n'eût point égard à la difpofition de l'article
ci-deffus, dont la Société fait une condition expreffe
de l'entrée qu'elle lui permet, M. le Préfident lui rap-
pelleroit cet article ; & fi c'étoit fans fuccès, il lui
intimeroit, au nom de l'Affemblée, l'ordre de fortir
de l'enceinte dont elle peut difpofer, fous peine d'être
déclaré par elle *violateur de fa propriété*, & traduit comme
tel, devant qui il appartiendroit , pour obtenir juf-
tice.

L X X V I I.

Le Préfident revêtu pend. fon exercice du caractère

représentatif de la Société, pourra & devra dans cette occasion, comme dans toutes celles où il y auroit quelqu'action à intenter ou à suivre devant les Officiers publics, au nom de la Société, agir pour ses intérêts & faire tout ce que feroit un fondé de procuration spéciale.

L X X V I I I.

La salle de la Société sera ouverte tous les jours depuis huit heures du matin jusqu'à six heures du soir, afin que ceux de ses Membres qui voudroient lire les papiers publics, qu'elle jugera à-propos de se procurer, puissent y venir.

L X X I X.

Les papiers ne pourront sortir de la salle, sous aucun prétexte.

L X X X.

La Société aura un Concierge, qui veillera à l'exécution des deux articles ci-dessus.

L X X X I.

C'est à lui que les lettres & paquets pour la Société seront remis, & il aura soin de les transmettre au Président en exercice, en usant des moyens que celui-ci lui aura indiqués.

L X X X I I.

Le Concierge sera chargé en outre & responsable des bois, chandelle, encre, plumes, cire, papier, &

généralement de tous les meubles appartenans à la So
ciété, dont il fera rendu gardien. Tous les foins d'ar
rangement & de propreté de la falle des féances fe
ront de fon devoir, & il allumera le feu & les lu
mières dans les faifons & aux heures où il en rece
vra l'ordre de la Société par l'organe du Préfident.

L X X X I I I.

Lorfque la féance fera placée, chacun reftera dans
le filence, hormis celui qui ayant demandé la parole
à M. le Préfident, l'aura obtenue.

L X X X I V

Perfonne ne pourra interrompre celui qui parlera, foi
en l'interpellant, foit par des dénégations, encore moins
des démentis, foit par des murmures, ou enfin de
quelque manière que ce foit.

L X X X V.

Chacun ayant un droit égal de parler, il eft évi
dent qu'on ne peut porter atteinte à celui des au
tres, fans compromettre le fien propre ; c'eft pour
quoi il eft de l'effence de toute Affemblée délibérante
que l'on ne parle qu'à fon tour : chacun referve
ra donc foigneufement fes repliques, obfervations ou
réfutations pour le moment où il aura obtenu la parole
de M. le Préfident, qui ne peut jamais la refufer.

L X X X V I.

Si un opinant s'écartoit de la question, le Président devra seulement la lui répéter, l'engager à y rentrer : s'il s'en écartoit encore, M. le Président l'interromproit de nouveau, & consulteroit l'Assemblée pour savoir si elle desire ou non continuer d'entendre celui qui parlera ; si l'Assemblée décide que la parole soit retirée à celui qui parloit, il ne pourra la reprendre, sans encourir les peines portées par le Réglement.

L X X X V I I.

M. le Président appellera à l'ordre celui qui contreviendra à quelques-unes des dispositions de ces quatre articles.

L X X X V I I I.

Si l'appel à l'ordre étoit sans effet, M. le Président le répétera, & si le membre à qui cet appel & ce rappel à l'ordre auroient été adressés ne s'y remettoit pas, son nom seroit inscrit sur le procès-verbal, comme *ayant été mis à l'ordre.*

L X X X I X.

Si, dans la chaleur des discussions, un Membre pouvoit oublier qu'il est dans une Société d'amis & de frères, & se permettoit des propos offensans pour quelqu'autre, il seroit du devoir du Président de lui imposer silence, au nom de l'Assemblée ; & si ce Membre ne l'obſervoit pas auſſi-tôt, M. le Préſident prononceroit, toujours au nom de l'Aſſemblée, qu'il a encouru la peine *de la cenſure* : ce dont le Procès-verbal feroit mention, comme dans toutes les circonſtances où cette peine aura lieu.

X C.

Trois *mis à l'ordre*, inſcrits ſur le procès-verbal dans le cours de ſix mois, feront comptés pour *une Cenſure.*

X C I.

Si une ſéance devenoit ſi tumultueuſe que le Préſident eût épuiſé tous les moyens en ſon pouvoir d'y rétablir l'ordre, il attendra du patriotiſme & des réflexions des Membres, ce qu'il n'aura pu obtenir de ſes efforts, & il levera la ſéance.

X C I I.

Chacun, excepté celui qui aura la parole & qui parlera debout, devra ſe tenir aſſis pendant le cours de la ſéance : il eſt eſſentiel auſſi que les Bureaux reſtent libres. Ceux qui négligeroient de ſe conformer à ces deux règles, feroient dans le cas d'être appellés à l'ordre.

X C I I I.

La ſouſcription de chaque Membre ſera pour ſix mois, à compter du premier du mois, dans lequel la ſouſcription aura été faite.

B 4

X C I V.

On ne pourra jamais prétendre au remboursement de sa souscription, lorsqu'ayant été admis, on viendra à quitter la Société, volontairement ou autrement.

X C V.

Si la Société venoit à se dissoudre, ses meubles & le reliquat de sa masse seroient donnés à l'hôpital pour être employés au soulagement des pauvres.

X C V I.

Chaque Membre de la Société ayant déclaré par son serment vouloir s'unir de cœur & d'esprit à tous les citoyens patriotes, animés des mêmes sentimens, la Société comptera au nombre de ses momens les plus heureux, toutes les occasions où visitée par quelques Membres de Sociétés fondées sur les mêmes bases, elle pourra par son accueil & son empressement à les faire jouir des mêmes droits que s'ils eussent été admis dans son propre sein, prouver l'attachement qu'elle professe à la précieuse fraternité à laquelle la Constitution appelle tous les François, & combien il est dans ses vœux d'étendre & de cultiver ce délicieux sentiment.

X C V I I.

Le Membre d'une Société d'Amis de la Constitution, autre que celle de Vimoutier, ayant l'intention

d'affifter à fes féances, voudra bien fe faire connoître au Préfident en exercice, en lui exhibant quelques piéces dignes de foi, fuffifantes pour conftater
fa qualité.

X C V I I I.

Toutes les difpofitions de ce Réglement demeure-
ront fufpendues & feront fans effet, toutes les fois
qu'elles fe trouveront en concurrence avec le fervice
public, foit par rapport aux fonctions de quelques-uns
de fes Membres, foit par rapport à fes féances.

Signé J. COLLAS, *Préfident.*

F. THOMAS, *Secrétaire.*

Extrait du Procès-verbal des féances de la Société.

Du 13 Septembre 1790.

ARRÊTÉ en outre, que pour manifefter d'autant plus
les intentions, les principes & les fentimens de la
Société, le Profpectus qui a provoqué fa formation,
le Difcours prononcé à fa première féance, &
le rapport de fes Commiffaires, feront également
imprimés à la fuite du Réglement.

Signé J. COLLAS, *Préfident.*

F. THOMAS, *Secrétaire.*

PROSPECTUS.

ASSOCIATION PATRIOTIQUE.

Tous les événemens publics nous acheminent à grands pas vers l'affermissement de notre bienheureuse Constitution : tout le monde sait avec quelle concorde & quel patriotisme la célèbre journée du 14 Juillet s'est passée à Paris ; on n'ignore pas davantage l'empressement & le zèle que presque toutes les Communes du Royaume ont mis à fêter ce jour mémorable.

Qui pourroit donc douter encore de la solidité de l'ordre de choses, pour lequel un concours si général de vœux & de sentimens vient d'avoir lieu ?

Non : il n'est plus de forces capables de prévaloir contre l'autorité de la Loi. NOUS SOMMES LIBRES : nos fautes, nos erreurs ou nos écarts peuvent seuls nous empêcher de l'être à jamais.

Ces deux importantes vérités reconnues, il en dérive deux conséquences également évidentes.

1°. Que la Loi est à la sureté de nos propriétés, à l'exercice sans bornes & sans contrainte de nos facultés de toutes espèces, *autant que cet exercice ne nuit pas à autrui,* en un mot à notre liberté, ce que les remparts & la garde d'une forteresse font à la sécurité des habitans qu'ils protègent.

Qu'ainfi tous nos intérêts fe réuniffent pour nous prefcrire la plus fidelle foumiffion & le plus profond refpect envers la Loi, comme la plus attentive fur-veillance à fon obfervation générale.

2°. Que fi nos erreurs font aujourd'hui les feuls ennemis dangereux que nous ayons à craindre, il n'eft point de bon citoyen qui ne doive fe faire un devoir rigoureux de chercher à fe bien pénétrer de l'efprit & des difpofitions des nouvelles loix, non feulement pour ne pas les tranfgreffer foi-même, mais pour y rappeller, dès les premiers pas, ceux qui s'en écar-teroient.

Aucun de nous, fans doute, ne peut plus mécon-noître, en nous voyant appellés à élire nos Admi-niftrateurs, à nous donner des Juges, à choifir les Mi-niftres de notre fainte Religion, enfin à inftituer tous nos Officiers, que la chofe publique eft devenue notre affaire capitale, & que tous nos intérêts particuliers font effentiellement dépendans des fiens.

Eh bien ! fommes - nous affociés avec quelques amis pour une fpéculation de commerce ? nous y penfons fouvent, nous réfléchiffons fouvent aux moyens de faire profpérer notre entreprife ; nous aimons à nous réunir pour nous communiquer refpectivement les idées qui nous paroiffent propres à la favorifer.

Il s'agit ici non feulement de la totalité de nos intérêts pécuniaires ; mais encore d'un intérêt bien fupérieur, celui de nôtre bonheur individuel, de nos familles entières & de notre poftérité : pourrions-nous refter plus indifférens ?

Ces diverfes réflexions, qui me font communes avec beaucoup d'autres, m'ont conduit à concevoir le projet, à efpérer la poffibilité, & à defirer vivement l'établiffement dans ce Canton, d'une Société de Citoyens ayant pour objet de fe réunir à des jours convenus, de s'entretenir fur les différens fujets de l'intérêt public, de fe familiarifer de plus en plus avec les principes de la Conftitution, & de fe communiquer réciproquement fes obfervations fur les progrès de leurs développemens, ou fur les obftacles & les atteintes qui pourroient les contrarier.

Le marché confidérable qui fe tient à Vimoutier tous les lundis, eft déja un point naturel de ralliement pour la plupart des habitans des Communautés voifines : il ne faut donc plus qu'un mot de ceux qui fentiroient l'utilité d'une telle Société, & un lieu de rendez-vous déterminé, pour qu'à l'iffue du marché, & par conféquent fans aucun préjudice à fes affaires de négoce, chacun pût participer aux avantages d'une réunion que je qualificrois d'infiniment-précieufe, fi je ne craignois de paroître trop préfumer de mon opinion.

Les frais même de cette Affociation ne pourroient être que très-légers, puifqu'ils fe berneroient vraifemblablement à la location d'un appartement, & à la foufcription à quelques Feuilles publiques.

Ce feroit, au refte, ainfi que pour le Réglement de la Société, ce que des Commiffaires choifis au fcrutin par les Membres dès qu'ils feront parvenus au nombre de quarante, feroient chargés de propofer à l'Affemblée-générale de ces mêmes Membres pour y être arrêté par eux définitivement.

Il fuffit pour le préfent d'expofer l'idée fondamentale de cet établiffement, & que ceux qui l'agréeroient & feroient difpofés à s'affocier fur cette bafe, veuillent bien fe faire connoître en fignant leurs noms fur un regiftre dreffé à cet effet & dépofé chez M. . . . . .

C'eft à quoi tous les bons Citoyens font inftamment invités, au nom de la liberté, du patriotifme & de l'intérêt public, par leur bon frère & fincère ami.

Signé Marie L. H. DESCORCHES, Maire d'Ofmont & Electeur du Canton de Vimoutier.

DISCOURS

PRONONCÉ dans la Séance du 30 Août dernier.

MESSIEURS, « Je ne vous parlerai pas de ma
» reconnoissance, de l'accueil que vous avez bien voulu
» faire à ma proposition ; il faudroit que je me comp-
» tasse pour quelque chose, & je suis loin de cette
» présomption : je sens que votre patriotisme seul a
» pu donner quelque valeur à l'idée que j'ai pris la
» liberté de vous soumettre. Mais permettez que je
» vous exprime ma vive satisfaction d'avoir aussi bien
» deviné le sentiment qui reposoit dans vos cœurs,
» en provoquant une réunion dont votre empresse-
» ment prouve qu'ils renfermoient tous le vœu.

» O ! doux fruit de la liberté ! voyez-les, MESSIEURS,
» par-tout où l'homme a le bonheur de n'être assu-
» jetti qu'à l'autorité de la Loi : voyez-là, par-tout,
» les dédains de l'orgueil, les soucis de la méfiance,
» les vapeurs de la jalousie, les poisons de l'envie,
» la sécheresse de l'égoïsme, faire place à l'onction de
» l'égalité, à l'attrait de la bienfaisance, au penchant
» vers les semblables, aux charmes de l'amitié : là,
» les habitudes deviennent plus simples, les mœurs
» plus pures, les âmes plus élastiques, si je puis m'ex-
» primer ainsi. »

» Oui, MESSIEURS, l'homme n'eſt ce que la na-
» ture l'a fait naître ; l'homme ne vaut tout ce qu'il
» peut valoir, que ſous le régime de la liberté.

» La liberté, en un mot, eſt un des premiers
» élémens de ſon être ; vient-il à en être privé ? il
» languit, il ſe dégrade.

» Conſidérez ces miſérables jouets des caprices d'un
» deſpote, ces êtres mus dans tous les ſens par des
» volontés étrangères à la leur, ſi avilis enfin, que leur
» bonheur conſiſte à perdre en quelque ſorte le ſen-
» timent de leur exiſtence : Eh bien ! voyez comme
» ils tremblent, comme ils ſont inquiets, comme ils
» ſe haïſſent, comme ils ſont méchans !

» Oui, méchans ! la nature les avoit faits pour être
» généreux & bons ; mais les fourbes qui étouffent
» leur raiſon ſous les préjugés, mais les tyrans qui
» les oppriment, les ont dénaturés.

» Je le dis encore, parce qu'on ne peut trop le ré-
» péter, nous ſommes nés pour la liberté, & ce
» n'eſt que ſur un ſol libre qu'il faut aller chercher
» l'héroïſme des vertus.

» Nous ne ſaurions donc trop bénir la Révolution
» qui vient d'affranchir le nôtre ; trop célébrer, trop
» chérir, trop bien conno

» confacre, qui affure à nos enfans la perpétuité
» de ce précieux affranchiffement.

» Tel eft le fentiment qui nous raffemble ici. Tel
» fera donc le premier motif de la Société que
» nous nous propofons de former.

» Convaincus des avantages immenfes de notre
» Conftitution, & voyant dans nos Concitoyens au-
» tant de frères dont nous defirons le bonheur auffi
» vivement que le nôtre, pourrions-nous ne pas cher-
» cher à les animer de fon efprit, comme nous le
» fommes nous-mêmes ?

» S'il en eft encore que des préventions égarent,
» nous leur tendrons continuellement la main, pour
» les ramener au milieu de nous ; nous tâcherons de
» les conquérir à la Patrie : mais ce fera fur-tout
» en la leur faifant aimer, en leur montrant combien
» l'amour qu'elle infpire eft fondé fur celui des hommes,
» & comme il compatit à leurs foibleffes ou à leurs
» erreurs.

» Tel doit être, à ce qu'il me femble, le fecond
» objet de notre Affociation.

» Les follicitudes de notre zèle n'en feront fûrement
» pas le terme ; nous embrafferons auffi dans nos dé-
» libérations tout ce qui peut être utile à l'huma-
» nité, tout ce qui concerne l'intérêt de l'Etat, tout

ce

» Ce qui peut avoir rapport au fervice public, dans
» le Département, dans le Diftrict, dans le Canton.

» Nous fommes au fein d'un pays fufceptible de gran-
» des améliorations dans les productions de fon fol,
» de fabriques importantes à favorifer : c'eft un vafte
» champ d'intérêt général & particulier ; qui fans-doute
» follicitera puiffamment l'activité & les talens de
» plufieurs Membres de la Société, laquelle ne man-
» quera pas, de fon côté, d'encourager & de fecon-
» der tous les efforts de ce genre par tous les moyens
» en fon pouvoir.

» Ainfi, MESSIEURS, pour me réfumer, étude at-
» tentive de la Conftitution ;

» Zèle pour en propager l'efprit ; furveillance ha-
» bituelle de tous les objets d'intérêt & de fervice
» publics, & dévouement à tous les moyens de nous
» rendre utiles à la Patrie :

» Ce font, je crois, les trois bafes fur lefquelles
» notre Société doit être pofée.

» Je fais en conféquence la motion, qu'il foit pro-
» cédé à la nomination de quatre ou fix Commif-
» faires, chargés de nous foumettre à la huitaine un
» Projet de Réglement conçu dans cet efprit, à l'effet
» de nous mettre à portée d'arrêter dans notre pro-
» chaine féance les conditions d'admiffion, les formes

C

» de délibération, & en général tout ce qui peut
» concerner le régime de la Société. »

RAPPORT DES COMMISSAIRES.

MESSIEURS, « Vos Commissaires ont été infini-
ment flattés de l'honneur de votre choix ; mais ils ont
senti très-vivement aussi l'étendue & le poids de la
tâche qu'il leur a imposée.

» C'est au règlement que vous allez arrêter, à donner
à la Société sa consistance, à procurer à chacun de
ses Membres les jouissances qu'il a droit d'en attendre,
à favoriser l'essor des sentimens patriotiques & des
talens qui seront renfermés dans son sein, à les mettre
en valeur, en quelque sorte, enfin à fixer l'opinion
que le public va prendre de l'utilité de ses travaux.

» Si, pour contribuer à leur succès, autant que nous
le desirerions, il suffisoit des vœux les plus ardens,
nous oserions vous dire, MESSIEURS, que vous n'avez
rien attendu de nous, que nous ne puissions nous
flatter de surpasser encore. Mais pour qu'il ne nous
restât point de regrets à former, il nous eût fallu
pouvoir vous consacrer, en même-tems, des lumières
& une expérience que nous n'avons pas.

» Vous voudrez bien remarquer, au moins, les efforts

de notre zéle, & suppléer, par votre sagesse & votre indulgence, à ce qui lui a manqué.

» Nous devons sans doute, avant que de vous soumettre notre travail, vous rendre compte en peu de mots de l'ordre de notre marche & des principes qui nous ont guidés.

» Nous avons vu d'abord notre route tracée dans les trois bases que vous avez approuvé de donner à la Société.

» Nous les avons eûes continuellement sous les yeux, & c'est vers ce triple but que toutes nos combinaisons se font rapportées.

» Plus elles nous ont paru, MESSIEURS, dignes de vos sentimens, & susceptibles de servir la chose publique avec fruit, & plus, vous voudrez bien le croire facilement, nous nous sommes sentis encouragés à ne laisser derrière nous aucuns détails, dès que nous les avons jugés propres à vous faire remplir vos vues bienfaisantes.

» Vous verrez que nous nous sommes arrêtés quelques fois à prévoir les cas les plus invraisemblables, pensant qu'il vaut mieux qu'un article inutile reste oublié dans un Reglement, que de laisser la paix de l'union, si douces à rendre les hommes, & cependant aux rifques qu'elles courent toujours lorfqu'on attend le moment du danger, par conféquent, celui de l'agitation des efprits, pour délibérer fur les remèdes.

» Nous nous flattons d'ailleurs, MESSIEURS, que vous reconnoîtrez que nous nous fommes fait un devoir rigoureux d'appliquer à la Conftitution de la Société, ces principes libéraux, gravés dans le cœur de tout homme qui a le fentiment de fa propre dignité, de fon indépendance de toute autre autorité que celle de la Loi, & qui fçait toujours les refpecter dans fes femblables.

» C'eft la violation & l'oubli de ces principes qui font les tyrans & les efclaves ; c'eft leur exécution qui fait les Citoyens & les hommes libres.

» Il eft donc de l'effence de la Conftitution de toute Société compofée de Citoyens, que chaque Membre y conferve la liberté & l'exercice le plus entier de fa volonté particulière, autant qu'elle n'eft point reftreinte par des difpofitions de la volonté générale.

» Le Règlement offrira l'expreffion de cette volonté : le Règlement fera donc la loi de la Société : le Règlement, feul, pourra commander ; mais auffi perfonne ne pourra lui réfifter, ou bien, il voudroit détruire fon propre ouvrage, fapper la Société dans fes fondemens.

» Par une conféquence néceffaire du même principe ; nous n'avons confidéré fes Officiers, que comme fes agens, & toujours fes fubordonnés, n'ayant & ne pouvant exercer d'autorité que par fes ordres, ou en vertu du Règlement.

» Cependant, en s'occupant d'affurer *aux Membres* les droits qui lui appartiennent, il falloit pourvoir auffi à établir entr'eux les rapports néceffaires à leur concours, pour l'action *du Corps* : autrement, la Société n'arriveroit pas à fes fins, & cette double combinaifon à force de multiplier les mefures, d'une manière qui, au premier apperçu, pourroit être jugée exceffive, mais qu'une réflexion plus approfondie juftifiera peut-être, & que nous prions au moins de ne pas condamner, avant que d'avoir bien examiné, que là où les hommes peuvent beaucoup, la Loi fe tait, & que pour que les hommes foient égaux devant elle, il faut qu'elle parle beaucoup.

» Enfin, MESSIEURS, nous avons penfé que des amis des hommes, tels que nous faifons profeffion d'être, ne pouvoient éloigner d'eux, aucuns de ceux qui voudroient s'en approcher. Ils font tous nos frères, & nous avons fuppofé que vous ne voudriez pas qu'il en fût un feul, de ceux-même dont l'âme fe refufe le plus à l'attrait d'une fi douce union, que notre accueil, nos égards, & le tableau de notre

Société, ne pénètrent de plus en plus de ce sentiment, s'il l'éprouve déja, ou qu'ils ne preſſent de lui ouvrir ſon cœur, s'il eſt aſſez à plaindre pour l'y tenir fermé.

» Telles ſont, MESSIEURS, vos intentions, au moins comme nous les avons conçues.

» Si, malgré notre attention à les bien ſaiſir, nous nous étions trompés, ce ſeroient certainement des erreurs involontaires. Votre ſagacité les aura bientôt rectifiées, & il nous reſtera toujours la ſatisfaction d'avoir pu vous donner quelques témoignages de notre parfaite ſoumiſſion à vos réſolutions, & de notre dévoûment à vos ordres. »

Collationné aux Procès-verbaux.

J. COLLAS, Préſident.

F. THOMAS, Secrétaire.

A CAEN, de l'Imprim. de G. LE ROY, Imprim. du Roi.